Stadt – Land – Abenteuer

Lektüren für Jugendliche
A2

Rettung in den Bergen
Auf Tour in Salzburg

von Susan Hulström-Karl

Ernst Klett Sprachen
Stuttgart

1. Auflage 2 | 2025

www.klett-sprachen.de

Autorin: Susan Hulström-Karl

Redaktion: Claudia Weichselfelder
Reihenkonzept: Benjamin Linhart
Layoutkonzeption: Sabine Kaufmann
Illustrationen: Matthias Pflügner, Berlin
Tonregie und Schnitt: Gunther Pagel, Top 10 Tonstudio, Viernheim
Sprecher: Christian Birko-Flemming
Gestaltung und Satz: DOPPELPUNKT, Stuttgart
Umschlaggestaltung: Sabine Kaufmann
Druck und Bindung: Plump Druck & Medien GmbH, Rheinbreitbach

PEFC
PEFC/04-31-3752
Förderung nachhaltiger Waldbewirtschaf
www.pefc.de

Printed in Germany
ISBN 978-3-12-674056-2

Inhalt

Entdeckertouren

- Mache nach jedem Kapitel eine digitale Entdeckertour.
- Starte die Entdeckertour auf allango (siehe Seite 1).
- Lerne an jeder Station die Region besser kennen.
- Kommst du ans Ziel?

Mozarts Geburtshaus

DEUTSCHLAND
Salzburg
ÖSTERREICH
SCHWEIZ

Salzburg

Land:	Österreich
Bundesland:	Salzburger Land
Einwohner und Einwohnerinnen:	circa 157 000

Salzburg ...

- hat eine historische Altstadt[1] mit einer Festung[2], vielen Kirchen, Plätzen und Museen.
- gehört seit 1997 zum UNESCO-Weltkulturerbe.
- begrüßt jedes Jahr über eine Million Touristen und Touristinnen.
- liegt an dem Fluss Salzach.
- ist nur sechs Kilometer von Deutschland (Bayern) weg.
- hat viele Berge in der Nähe, zum Beispiel den Gaisberg (1288 m) und den Untersberg (1972 m).
- ist der Geburtsort von Wolfgang Amadeus Mozart. Der berühmte Komponist[3] lebte von 1756 bis 1791.
- ist bekannt für die Salzburger Festspiele[4]. Sie finden jedes Jahr im Sommer statt und dauern sechs Wochen.
- ist der Drehort[5] von „The Sound of Music" (1965). Das Musical ist ein sehr berühmter Musikfilm aus Hollywood.

1 **die Altstadt**: der älteste Teil einer Stadt (siehe Seite 10)
2 **die Festung**: ein altes, großes Gebäude; z. B. ein Schloss (siehe Seite 10)
3 **der Komponist / die Komponistin:** Diese Person schreibt Musik.
4 **die Festspiele:** ein großes Event; oft mit Theater, Musik, Ballett, Oper
5 **der Drehort:** An diesem Ort dreht (= macht) man einen Film.

Noah Moser ist 17 Jahre alt. Er bereitet sich gerade auf die Matura[7] vor. Sein Großvater ist ein bisschen wie ein Vater für ihn. Sein echter Vater lebt in den Vereinigten Staaten. Noah spielt Cello. Er ist sportlich und geht im Winter gern Ski fahren und eislaufen[8].
Er kennt Franziska seit dem Kindergarten.

Alois Moser ist 75 Jahre alt. Seine Frau lebt seit drei Jahren nicht mehr und sie fehlt ihm sehr. Er wohnt bei seiner Tochter und seinem Enkel, Noah, in Grödig bei Salzburg. Er war früher sehr sportlich. In letzter Zeit merkt seine Familie, dass er oft in der Vergangenheit[6] lebt und viel vergisst.

6 **die Vergangenheit**: früher, die Zeit vor jetzt
7 **die Matura** *(österreichisch)*: Prüfungen am Ende der Schulzeit
8 **eislaufen**: ein Wintersport (siehe Seite 26); Man läuft oder tanzt auf dem Eis.

Die Personen

Franziska Schuster ist 16 und geht in die gleiche Klasse wie Noah. Sie interessiert sich für Kunst und die Natur. Später möchte sie mit Kindern arbeiten, vielleicht als Kunstlehrerin. Sie ist ein bisschen frech[9], hat viele Ideen und möchte die Welt schöner machen.

Alissa Tomiç ist 17 Jahre alt. Sie hat die Schule mit 16 beendet und war danach[10] sechs Monate bei Verwandten in Kroatien. Jetzt ist sie zurück in Salzburg und macht ein Praktikum. Sie möchte später Krankenpflegerin werden. Ihre Hobbys sind Tanzen, Singen und Eislaufen.

[9] **frech**: hier: Sie macht und sagt, was sie will. Andere finden das nicht so nett.
[10] **danach**: dann, später

Kapitel 1

die Altstadt

die Festung

die Gasse

die Trittleiter

die Mauer

die Tanne

die Taschenlampe

der Pinsel

1

Franziska, Noah und Alissa

Diese Geschichte könnte an vielen Orten in Salzburg beginnen: auf dem Untersberg, auf dem Gaisberg, bei Noah zu Hause, im Seniorenheim[11] oder in der Altstadt.

Ah, die Altstadt von Salzburg mit ihren Gassen und großen Häusern, mit der Festung, dem Fluss, den Bergen und den vielen, vielen Touristen und Touristinnen … Ja, die Altstadt wäre sicher schön, aber diese Geschichte beginnt an einer Mauer an einem Schulzentrum[12] in einer Nacht im Jänner[13].

Eine Jugendliche steht gerade vor dieser Mauer. Sie sieht sich ihre Arbeit an und ist zufrieden. Sie packt die Farben und die Pinsel in ihren Rucksack und geht mit einer Trittleiter und einer Taschenlampe langsam über den Schulhof[14].

„Hey! Was machst du da?" Es ist der Hausmeister.

Zuerst möchte die Jugendliche weglaufen, aber mit der Leiter geht das nicht. Also bleibt sie einfach stehen und wartet.

„Bleib stehen!", ruft der Hausmeister streng.

„Das mache ich schon", denkt Franziska. Sie ärgert sich.

Dann sieht der Hausmeister die Mauer und wird richtig laut: „Das ist Sachbeschädigung[15]!"

●●●

[11] **das Seniorenheim**: ein Zuhause für alte Menschen

[12] **das Schulzentrum**: Hier findet man mehrere Schulen an einem Ort.

[13] **der Jänner** *(österreichisch)*: der Januar

[14] **der Schulhof**: Platz vor einer Schule; Da spielen Kinder in der Pause.

[15] **die Sachbeschädigung**: wenn jemand eine Sache kaputt oder weniger schön macht

„Das ist eine Tanne und die Mauer ist jetzt viel schöner!" „Nicht so frech, bitte! Aber, deine Stimme[16] ... Franziska? Bist du das?" Die Jugendliche zieht die Mütze vom Kopf. Der Hausmeister kann es nicht glauben. „Franziska! Was soll das?" „Hallo, Papa."

Das Gespräch zwischen Franziska und ihrem Vater kann man sich gut vorstellen[17]. Lassen wir die beiden weiter diskutieren und gehen lieber nach Grödig zu Noah und seiner Familie. Wie sieht es denn dort aus?

●●●

[16] **die Stimme**: Das hört man, wenn eine Person spricht.

[17] **sich etwas vorstellen**: hier: sich etwas denken

Dort ist es ruhig. Die ganze Familie schläft. Noah ist früh ins Bett gegangen, weil er morgen viel zu tun hat: Nach der Schule muss er seinen Opa um 16 Uhr von der Tagesbetreuung[18] abholen und am Abend hat er ein Konzert. Darauf freut er sich besonders.

Aber mitten[19] in der Nacht ist die Ruhe zu Ende.
„Noah! Noah, steh auf!"
„Was? Opa? Was ist denn los? Wie viel Uhr ist es?"
„Komm, steh auf, Bub[20]! Du musst mir helfen. Oma ist draußen. Sie ist verletzt und ein Gewitter kommt."
Noah schaut auf sein Handy. Es ist 4:17 Uhr.
„Opa, geh bitte wieder ins Bett!"
„Deine Großmutter braucht Hilfe und ich soll ins Bett gehen?" Opa ist aufgeregt[21].

Noahs Mutter kommt ins Zimmer: „Vater, bitte! Mutter ist nicht draußen. Es ist alles in Ordnung. Komm, ich bringe dich wieder ins Bett."
„Sie ist draußen. Ich weiß es."
„Nein, Vater. Du hast nur schlecht geträumt. Komm, ich mache dir einen heißen Tee."
„Warum glaubt ihr mir nie?", fragt Opa. Aber er geht mit seiner Tochter in die Küche, trinkt den Tee und geht kurze Zeit später zufrieden wieder ins Bett.

●●●

[18] **die Tagesbetreuung**: Dort können alte Menschen tagsüber sein.
[19] **mitten**: in der Mitte von etwas
[20] **der Bub** *(österreichisch)*: der Junge
[21] **aufgeregt**: nicht ruhig, nervös

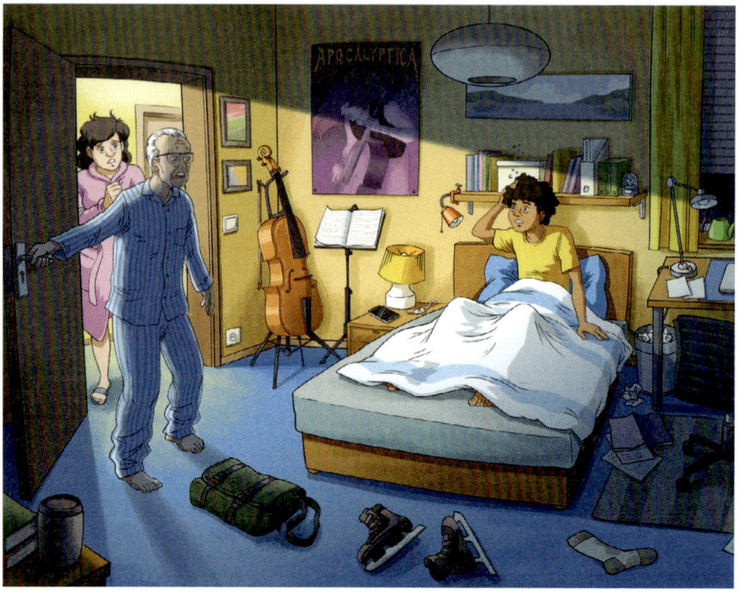

Noah geht zu seiner Mutter in die Küche. Sie sieht müde und traurig aus.

„Mutti, wir können nicht jede Nacht aufstehen."

„Es ist nicht jede Nacht."

„Aber fast."

„Er kann nichts dafür. Er hat Demenz[22]."

„Ich weiß. Aber du musst arbeiten. Und ich habe morgen, nein heute … ein Konzert und bald kommen meine Prüfungen."

„Ich weiß, ich weiß. Wir reden morgen darüber."

„Ach Mutti", sagt Noah und geht in sein Zimmer zurück.

„Schlaf schön", ruft seine Mutter leise.

„Ja, du auch."

●●●

[22] **die Demenz**: eine Krankheit, oft bei alten Menschen; Personen mit Demenz vergessen viel.

Da ist ganz schön was los in dieser Nacht! Und wir müssen Alissa noch kennenlernen. Hoffentlich ist es bei ihr zu Hause ruhiger.

Ah schön, Alissa schläft. Das ist gut. Und sie wird noch ein paar Stunden weiterschlafen. Sie weiß nichts von Franziska und der Tanne an der Mauer und auch nichts von Noah und seinem Großvater. Noch nicht.

Um 6:30 Uhr steht Alissa auf. Sie frühstückt mit ihrer Familie und geht zur Arbeit. Ist ein Praktikum Arbeit? Ja, sicher. Alissa möchte Krankenpflegerin werden, aber die Ausbildung beginnt erst im Herbst. Deshalb macht sie von Jänner bis Juni ein Praktikum im Seniorenheim *Alpenwiese*. Alle drei Wochen arbeitet sie auf einer anderen Station[23]. Seit gestern ist sie in der Tagesbetreuung. Das findet sie sehr interessant, weil die älteren Damen und Herren viel aus ihrem Leben erzählen.

Und so beginnt ein neuer Tag in Salzburg.
Alissa freut sich auf die Arbeit.
Noah freut sich auf sein Konzert.
Und Franziska? Franziska ist nervös.

●●●

[23] **die Station**: hier: ein Teil vom Seniorenheim

Du bist dran!

A Was ist richtig (R)? Was ist falsch (F)?

Salzburg

1. __R__ Salzburg hat eine schöne Altstadt.
2. ____ Diese Geschichte beginnt an einer Mauer.
3. ____ Die Geschichte findet im Februar statt.

Franziska

4. ____ Franziska malt eine Tanne an die Schulmauer.
5. ____ Der Hausmeister ist Franziskas Opa.

Noah

6. ____ Noahs Mutter weckt Noah in der Nacht.
7. ____ Noahs Opa hat Demenz.

Alissa

8. ____ Das Praktikum im Seniorenheim dauert sechs Monate.
9. ____ Alissa findet die Tagesbetreuung sehr langweilig.

B Korrigiere die vier falschen Sätze.

____

____

____

____

Lösungen: **A:** 1. R; 2. R; 3. F; 4. R; 5. F; 6. F; 7. R; 8. R; 9. F; **B:** 3. Die Geschichte findet im *Jänner*/*Januar* statt. 5. Der Hausmeister ist Franziskas *Vater*/*Papa*. 6. Noahs *Großvater*/*Opa* weckt Noah in der Nacht. 9. Alissa findet die Tagesbetreuung sehr *interessant*.

Entdeckertour:
Die Mitte von Österreich?

Kapitel 2

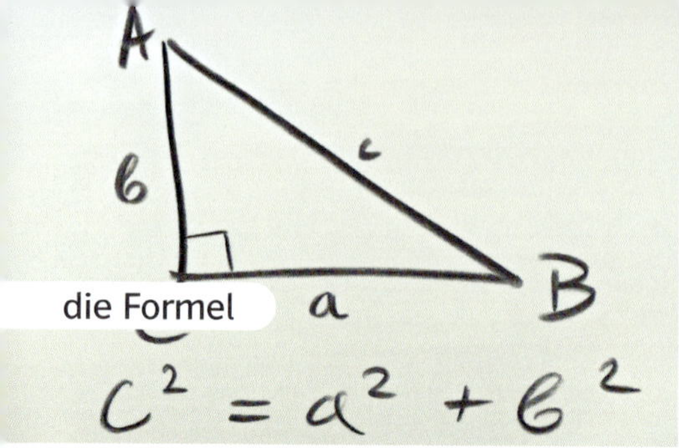

die Formel

der Apfelstrudel

der Untersberg

ein Herz in eine Tanne ritzen

die Seilbahn

der Funkturm

das Orchester

der Gaisbe

2

Zwei Tannen

Alissa fährt mit dem Bus bis zur Haltestelle *Wäschergasse* und steigt dort aus. Im gleichen Bus sitzt ein sehr müder Junge. Das ist Noah. Er steigt an der Karolinenbrücke aus und geht zu Fuß zum Schulzentrum. Sein Weg geht an der Volksschule[24] vorbei und da sieht er eine Tanne an der Mauer. Die war gestern noch nicht da. Rechts von dem Bild steht:

Tanne = Leben + Kraft[25] *= Lebenskraft*[26]

Noah findet die Tanne schön. Aber was soll diese Formel bedeuten? Er muss unbedingt Franziska fragen. Sie versteht so etwas immer.

Ja, Franziska könnte es ihm gut erklären. Aber Noah kann sie erst später fragen, denn Franziska sitzt gerade bei der Direktorin von der Volksschule und beantwortet ihre Fragen.
„Wie bist du denn auf diese Idee gekommen?", ist die erste Frage.
„Die Mauer ist hässlich", sagt Franziska. „Ich wollte sie für die Kinder schöner und interessanter machen. Einfach so."
„Man kann nicht ‚einfach so' Bäume an eine Mauer malen. Das ist ein öffentliches Gebäude! Und was bedeutet denn diese Formel?"

●●●

[24] **die Volksschule**: Grundschule; die Schule für Kinder im Alter von 6 bis 10 Jahren

[25] **die Kraft**: Energie, Stärke

[26] **die Lebenskraft**: wenn man lebt und Kraft für das Leben hat

„Die Tanne steht doch für Leben und Kraft, also Lebenskraft. Viele Bäume bedeuten etwas. Das sollten die Kinder in der Schule auch lernen", erklärt Franziska.
„Was Tanne bedeutet, das werden ab *jetzt* alle wissen!", meint die Direktorin. „Warum hast du nicht vorher um Erlaubnis gebeten?"
„Sie hätten ‚Nein' gesagt", antwortet Franziska direkt.
Die Direktorin atmet[27] tief ein. Dann sagt sie ruhig: „Es wäre trotzdem besser gewesen. Also, ... ich habe mit meinen Kollegen und Kolleginnen gesprochen und ich glaube, du wirst überrascht[28] sein ... Die Tanne gefällt uns. Sie bleibt. Im Frühjahr kommen weitere Bäume dazu. Und wenn du möchtest, kannst du uns dabei helfen."
Franziska ist total glücklich. „Gern. Das ist so toll. Danke!"

Die Direktorin sieht Franziska streng an und sagt dann: „Die Tanne bleibt, aber du hättest um Erlaubnis bitten müssen. Deshalb wirst du bei einem sozialen[29] Projekt mitarbeiten und einen Bericht[30] darüber schreiben. Du kannst bis Freitag einen Vorschlag machen, sonst organisiere ich etwas."

Das findet Franziska nicht so toll. Sie geht aus dem Büro und zurück zu ihrer Klasse. Wie soll sie so schnell ein soziales Projekt finden? Sie muss unbedingt Noah fragen. Er hat immer gute Ideen.

●●●

[27] **einatmen**: Luft durch die Nase oder durch den Mund holen; Gegenteil von: ausatmen

[28] **überrascht**: etwas passiert, was man nicht erwartet (= gedacht) hat

[29] **sozial**: hier: wenn man anderen Menschen hilft

[30] **der Bericht**: ein Text über ein Thema

Im Seniorenheim *Alpenwiese* findet die Tagesbetreuung in einem schönen Raum im Erdgeschoss statt. Ältere Damen und Herren sind tagsüber hier und gehen am Abend wieder zu ihren Familien nach Hause. Am Vormittag gibt es ein Programm, zum Beispiel Gehirnjogging[31] oder Basteln. Am Nachmittag sitzen alle an einem großen Tisch, trinken Kaffee, essen Kuchen und erzählen. Alissa findet das schön. An diesem Nachmittag gibt es Apfelstrudel und Alois Moser erzählt – nicht zum ersten Mal – wie er seine Frau kennengelernt hat.

Er war damals im Herbst mit Freunden auf dem Untersberg unterwegs. Am Vormittag war das Wetter schön, aber am Nachmittag wurde der Himmel dunkel. Es sah nach einem Gewitter aus. Die Freunde kehrten[32] um. Kurz vor ihrem Ziel sahen sie eine junge Frau.

[31] **das Gehirnjogging**: „Sport" für den Kopf, z.B. ein Quiz oder einfache Matheaufgaben

[32] **umkehren:** den gleichen Weg zurückgehen

Sie saß neben dem Weg und konnte nicht mehr gehen, weil sie sich am Fuß verletzt hatte. Die Freunde wussten, dass die letzte Seilbahn bald fahren würde. Deshalb nahm Alois die Frau auf den Rücken und trug sie 500 Meter bis zur Seilbahn. Das war vor circa 50 Jahren.

„Sie sind ein richtiger Held[33], Herr Moser!", sagt Alissa. „Och, nein", antwortet Alois Moser. „Ich war jung und voller Lebenskraft. Und wissen Sie was? Sechs Monate später haben wir uns verlobt[34]. Das war oben auf dem Gaisberg bei dem Funkturm. Ich war so glücklich, dass ich ein Herz in eine Tanne geritzt habe. Das finden Sie blöd, oder?"
„Nein, nein! Das ist schön!", meint Alissa.

Auf einmal sieht Herr Moser seinen Enkel: „Noah! Was machst du denn hier? Setz dich! Iss ein Stück Apfelstrudel!"
„Hi Opa. Nein, danke. Ich hole dich nur ab."
„*Du* holst *mich* ab? Das ist ja lustig. Glaubst du nicht, dass ich allein nach Hause finde?"
„Mutti glaubt es nicht. Also, wenn du fertig bist, gehen wir."
„Nicht so eilig! Ich möchte dir Fräulein[35] Tomiç vorstellen."
„Servus[36]", sagt Noah freundlich.
„Servus. Ich bin Alissa, die Praktikantin. Dein Großvater kann super erzählen."
„Früher konnte ich das besser", meint Alois Moser. „Jetzt bin ich alt und vergesse viel. Das ärgert mich sehr." Er steht plötzlich auf. „So Bub, dann bringe ich dich nach Hause."

●●●

[33] **der Held / die Heldin**: macht etwas Besonderes und hat keine Angst
[34] **verlobt**: Zwei Menschen haben gesagt, dass sie heiraten möchten.
[35] **das Fräulein**: So nannte man früher junge Frauen, aber heute nicht mehr.
[36] **„Servus"** *(österreichisch)*: „Hallo"

„Ach, Opa, ärgere dich nicht", sagt Noah. „Aber … *ich* bringe *dich* nach Hause." Die beiden sehen sich an und lachen.

„Noah", sagt Alissa, „wir machen bald einen Winterausflug und Herr Moser möchte mitfahren. Der Ausflug klappt aber nur, wenn wir Begleitpersonen[37] finden. Könnte jemand aus deiner Familie mitkommen?"
„Ich denke schon. Ich sage es meiner Mutter und sie gibt morgen Bescheid. Aber jetzt sollten wir gehen. Ich habe heute noch ein Konzert."
„Oh! Klar. Viel Glück, Noah!", sagt Alissa. „Bis morgen, Herr Moser."
„Ach! Kommen Sie morgen auch wieder in dieses Café?", fragt Opa.
„Ja, genau", sagt Alissa freundlich.
„Dann bis morgen, Fräulein Tomiç."

Das Schulkonzert am Abend ist wunderbar. Das Orchester spielt Stücke aus Mozarts *Zauberflöte*[38] und Noah spielt ein Cello-Solo[39] ohne Fehler. Alle gratulieren ihm. Leider ist seine Mutter nicht dabei, weil sie sich um Opa kümmern muss. Aber Franziska ist da und sie ist begeistert[40].

Nach dem Konzert unterhalten sich Noah und Franziska über Noahs Opa, Franziskas Tanne und das soziale Projekt. Franziska hat noch keine Idee für ein Projekt. Aber plötzlich kennen beide die Lösung.

●●●

[37] **die Begleitperson**: Jemand geht mit einer anderen Person mit und passt auf sie auf.
[38] **die *Zauberflöte***: eine Oper von Wolfgang Amadeus Mozart
[39] **das Cello-Solo**: Eine Person spielt allein Cello.
[40] **begeistert**: etwas sehr gut finden

Du bist dran!

A Bringe die Sätze in die richtige Reihenfolge.

____ Alois Moser erzählt, dass er seine Frau auf dem Untersberg kennengelernt hat.
__1__ Alissa fährt zur Arbeit und Noah fährt zur Schule.
____ Alissa erzählt Noah vom Winterausflug.
____ Noah und Franziska haben eine Idee für das soziale Projekt.
____ Franziska spricht mit der Direktorin.
____ Noah spielt ein Cello-Solo beim Schulkonzert.
____ Noah holt Opa von der Tagesbetreuung ab.

B Verbinde die Wörter und die Textstellen.

1. Lebens-	-heim	a) Seite 21, Zeile 1
2. Senioren-	-betreuung	b) Seite 22, Zeile 10
3. Gehirn-	-turm	c) Seite 19, Zeile 8
4. Tages-	-kraft	d) Seite 21, Zeile 1
5. Seil-	-person	e) Seite 23, Zeile 16
6. Funk-	-jogging	f) Seite 23, Zeile 5
7. Begleit-	-konzert	g) Seite 22, Zeile 3
8. Schul-	-bahn	h) Seite 21, Zeile 5

Lösungen: **A:** 3, 1, 5, 7, 2, 6, 4; **B:** 1. Lebenskraft + c; 2. Seniorenheim + a / d; 3. Gehirnjogging + h; 4. Tagesbetreuung + a / d; 5. Seilbahn + g; 6. Funkturm + b; 7. Begleitperson + f; 8. Schulkonzert + e

Entdeckertour: Da ist Musik drin

Kapitel 3

der Steg

das Eislaufen

die Radstation

der Parkplatz

der Laptop

der Beamer

der Altenpfleger / die Altenpflegerin

die Linzer Torte

3 Kennenlernen und Vorbereiten

Am nächsten Montag holt Noah seinen Opa wieder von der Tagesbetreuung ab. Dieses Mal geht Franziska mit, denn die Stationsleiterin[41] von der Tagesbetreuung, Frau Berger, möchte beide kennenlernen. Nach dem Gespräch telefoniert Frau Berger auch mit den Eltern und der Direktorin. Am Ende sind alle einverstanden, dass Noah und Franziska den Altenpflegern und -pflegerinnen beim Winterausflug helfen.

Frau Berger schlägt sogar vor, dass Franziska und Noah mit Alissa das Programm im Restaurant organisieren. Die Jugendlichen freuen sich, sind aber auch ein bisschen nervös. So etwas haben sie noch nie gemacht. Können sie das?

Ein paar Tage später treffen sich alle drei bei Franziska und sie sind sich schnell einig[42]: Sie werden im Restaurant ein Bilderquiz machen. Das heißt, sie wollen Fotos von Salzburg zeigen und die Senioren[43] und Seniorinnen sollen raten: Was sieht man auf dem Bild und wo in der Stadt ist das?

Franziskas Vater kommt kurz ins Zimmer und stellt heiße Schokolade und Linzer Torte auf den Tisch. Das riecht gut und schmeckt wunderbar! Danach diskutieren die Jugendlichen: Welche Sehenswürdigkeiten sollen sie

●●●

[41] **der Stationsleiter / die Stationsleiterin**: Chef / Chefin von der Station
[42] **sich einig sein**: die gleiche Meinung haben
[43] **der Senior / die Seniorin**: ein alter Mann / eine alte Frau

fotografieren? Franziska ist es wichtig, dass sie nicht nur Fotos in der Altstadt machen. Sie schreiben ihre Ideen auf ein Plakat:

Europark / Parkplatz
Graffiti-Wand / Wallnergasse
Getreidegasse
Mozarts Geburtshaus
Sphaera
Festungsbahn

Festung Hohensalzburg
Café Tomaselli
Pietà
Marko-Feingold-Steg
Caldera
Radstation am Hauptbahnhof

Aus den Fotos werden Noah und Franziska eine Präsentation am Laptop machen. Und Alissa wird mit Frau Berger sprechen und einen Beamer organisieren.

„Gut. Dann ist alles klar“, sagt Franziska. „Wir treffen uns am Samstag um 10 Uhr auf dem Parkplatz vom Einkaufszentrum *Europark*. Und wenn wir schnell sind, gehen wir am Nachmittag in die Eisarena[44]. Habt ihr Lust?“

Klar haben Alissa und Noah Lust. Und klar sind sie am Samstag schnell und haben schon nach drei Stunden alle Fotos gemacht. Das Eislaufen macht sehr viel Spaß und die drei merken, dass sie sich langsam richtig gut verstehen.

Sie fahren am Abend glücklich und zufrieden nach Hause. Das Bilderquiz wird sicher schön. Der Ausflug mit den Senioren und Seniorinnen kann kommen! Was könnte da schiefgehen[45]?

[44] **die Eisarena**: Hier kann man eislaufen.
[45] **schiefgehen**: wenn etwas nicht wie geplant funktioniert oder klappt

Du bist dran!

Silbensalat!
Schreibe die Wörter richtig und ergänze die Texte.

EN-JU-LICH-GEND ◆ TREU-UNG-BE-GES-TA
TER-WIN-FLUG-AUS ◆ LEI-STA-ONS-TER-TI-IN
STAN-VER-EIN-DEN ◆ GERN-AL-PFLE-TEN

Frau Berger ist die ____________________ (1) von der ____________________ (2). Sie organisiert den ____________________ (3). Sie ist ____________________ (4), dass die ____________________ (5) den ____________________ (6) und Altenpflegerinnen helfen.

TA-SEN-TI-PRÄ-ON ◆ QUIZ-DER-BIL
NA-EIS-ARE ◆ WÜR-SE-KEI-HENS-DIG-TEN

Franziska, Noah und Alissa werden im Restaurant ein ____________________ (7) zeigen. Am Samstagvormittag machen sie Fotos von vielen ____________________ (8). Am Nachmittag gehen sie in die ____________________ (9). Das macht Spaß! Aus den Fotos machen Noah und Franziska später eine ____________________ (10) am Laptop.

Lösungen: 1. Stationsleiterin; 2. Tagesbetreuung; 3. Winterausflug; 4. einverstanden; 5. Jugendlichen; 6. Altenpflegern; 7. Bilderquiz; 8. Sehenswürdigkeiten; 9. Eisarena; 10. Präsentation

Entdeckertour:
Mach mal ein Foto!

Kapitel 4

die Dachlawine

der Sicherungskasten

der Sonnenuntergang

das Mikrofon

das Streichholz

die Kerze

die Gaststube

die Bergwacht

4

Auf dem Gaisberg

In den Tagen vor dem Ausflug schneit es. Oben auf den Bergen bleibt der Schnee liegen und in der Stadt müssen die Leute jeden Tag die Straßen und Wege räumen[46]. Überall hängen Schilder an den Gebäuden: *Vorsicht Dachlawinen!*

Aber am Tag vom Ausflug schneit es nicht. Die Sonne scheint und um 12:45 Uhr sitzen alle schon im Bus und warten, dass der Ausflug beginnt. Die älteren Damen und Herren freuen sich, dass sie endlich aus der Stadt kommen und die Berge wieder sehen.

Frau Berger steht vorn im Bus und spricht ins Mikrofon: „Guten Tag zusammen! Herzlich willkommen zu unserem Winterausflug auf den Gaisberg. Ich möchte mich schon jetzt bei den Begleitpersonen bedanken. Ohne Sie wäre dieser Ausflug nicht möglich."

Sie schaut auf ihren Zettel und redet weiter: „Wenn wir oben ankommen, bieten wir einen kurzen Spaziergang an. Bitte gehen Sie nur mit, wenn Sie zu Fuß ganz sicher sind. Es gibt viel Schnee und vielleicht liegt etwas Eis auf dem Weg. Wenn Sie nicht spazieren gehen wollen, gehen Sie gleich ins Restaurant. Um 15 Uhr gibt es Kaffee und Kuchen und danach machen wir ein Bilderquiz. Das haben unsere Praktikantin, Alissa, und unsere jungen Begleitpersonen,

●●●

[46] **räumen**: hier: den Schnee wegmachen, die Straße frei machen

Franziska und Noah, für uns vorbereitet. Um 16:15 Uhr fährt der Bus zurück. Gibt es Fragen?"
Es gibt keine Fragen und der Bus fährt über die Salzach, am Kapuzinerberg vorbei und hinaus in die Natur. Auf einmal singt eine Seniorin ein altes Lied und fast alle schunkeln[47] und singen mit. Noah findet das lustig. Franziska findet es peinlich[48]. Und Alissa findet es schön.

Zwanzig Minuten später kommt die Gruppe oben auf dem Gaisberg an. Alle steigen aus dem Bus aus und die meisten gehen sofort ins Restaurant. Nur fünf Leute wollen spazieren gehen. Alissa, Franziska und zwei Altenpfleger sollen mit dieser Gruppe gehen. Noah und sein Opa gehen mit den anderen ins Restaurant. Die Gaststube hat kleine

●●●

[47] **schunkeln**: den Körper von links nach rechts bewegen, meistens zu Musik

[48] **peinlich**: wenn man fühlt, dass etwas komisch ist oder nicht passt; hier: wenn man denkt, dass etwas altmodisch ist

Fenster und ist recht dunkel, aber der Wirt[49] macht das Licht an und es sieht gleich viel gemütlicher[50] aus. Alois Moser setzt sich an einen Tisch.

Noah bereitet jetzt das Bilderquiz vor. Er stellt den Beamer und seinen Laptop auf einen Tisch vor eine weiße Leinwand. Er macht den Laptop und den Beamer an und verbindet[51] sie. Und klar: Etwas funktioniert nicht. Er versucht dies und das, aber die Präsentation sieht man nicht. Noah ärgert sich. Ist der Beamer vom Seniorenheim vielleicht das Problem? Er sieht etwas alt aus. Noah ist sich nicht sicher, also macht er alles aus, wartet kurz, startet beide Geräte neu und … es funktioniert! Er ist froh. Er sieht schnell die Präsentation an. Alles bestens!

Leider freut sich Noah dann doch zu früh, denn keine fünf Minuten später gibt es einen Stromausfall[52] im ganzen Gebäude. Es funktioniert gar nichts mehr: Der Beamer, das Licht, die Kaffeemaschine und die Kühlschränke bleiben aus. Hat Noah etwas falsch gemacht?

Der Wirt ist nicht glücklich. Er murmelt[53] etwas von ‚moderner Technik', nimmt eine Taschenlampe und geht in den Keller zum Sicherungskasten. Die Wirtin holt Kerzen und Streichhölzer, weil die Gaststube wieder dunkel ist.

●●●

49 **der Wirt / die Wirtin**: der Chef / die Chefin von einem Restaurant
50 **gemütlich**: bequem, schön
51 **verbinden**: hier: zwei Geräte zusammenbringen, z. B. mit einem Kabel oder WLAN
52 **der Stromausfall**: Es gibt keine Elektrizität.
53 **murmeln**: leise sprechen

Frau Berger prüft die Heizung und ist froh, dass sie noch funktioniert und die Gaststube warm bleibt. Nur die Senioren und Seniorinnen bleiben ruhig und erzählen von früher. Damals gab es oft Stromausfälle.

Zum Glück klappt es mit dem Strom nach zehn Minuten von allein wieder. Es war nicht der Beamer und Noah hat auch nichts falsch gemacht. Es war eine kurze Störung im Stromnetz[54]. Alle sind froh. Der Wirt ist wieder freundlich, Noah startet den Laptop und den Beamer zum dritten Mal und hofft, dass Alissa und Franziska bald wieder da sind und sie endlich das Bilderquiz zeigen können.

In diesem Moment kommt die andere Gruppe vom Spaziergang zurück. Das Wetter war super, der Weg gut

●●●

[54] **die Störung im Stromnetz**: Die Elektrizität funktioniert in vielen Gebäuden zur gleichen Zeit nicht.

und der Schnee sehr schön. Ja, es war kalt, aber der Blick[55] auf die Berge und die frische Luft[56] haben gutgetan. Sie freuen sich jetzt auf ein heißes Getränk und das Bilderquiz.

Franziska geht zu Noah und er erzählt ihr vom Stromausfall. Kurze Zeit später kommt Alissa dazu und fragt: „Noah, wo ist denn dein Großvater?"

Noah schaut zum Tisch. Opa ist nicht mehr da. Er fragt die anderen Senioren und Seniorinnen am Tisch.
„Ich glaube, er ist auf die Toilette gegangen", sagt eine Frau. Aber dort findet Noah ihn nicht. Sein Großvater ist auch nicht draußen auf der Terrasse[57]. Jetzt bekommt Noah Angst. Wo ist Opa?

Alissa informiert Frau Berger. Die Stationsleiterin schaut auf die Uhr. Es ist kurz nach 14:30 Uhr. Das heißt, dass es noch circa zwei Stunden bis zum Sonnenuntergang dauert. Frau Berger kennt Herrn Moser. Sie weiß, dass er Demenz hat und manchmal in der Vergangenheit lebt, aber sonst gesund ist. Sie geht mit zwei Kollegen nach draußen. Sie suchen erst mal direkt um das Gebäude, aber sie finden Herrn Moser nicht und Frau Berger wartet nicht länger.

Sie ruft zuerst die Polizei und dann Frau Moser, Noahs Mutter, an. Für die Polizei ist der Fall klar: Sie informiert sofort die Bergwacht.

●●●

[55] **der Blick**: wenn man etwas sieht, z. B. eine Landschaft
[56] **die Luft**: was man atmet
[57] **die Terrasse**: Hier sitzen Gäste draußen, vor einem Gebäude.

Du bist dran!

Löse das Rätsel und finde die Frage.

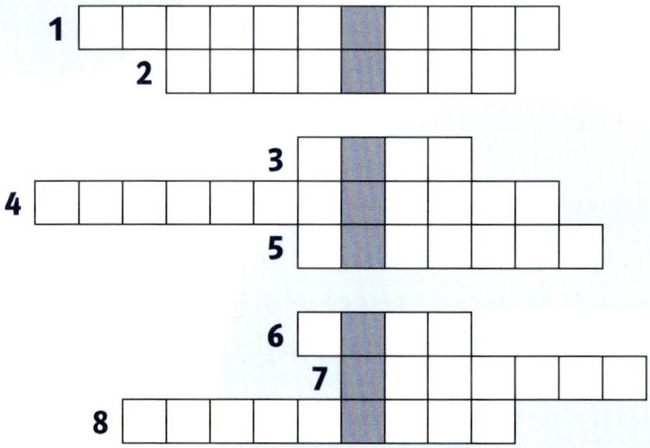

1. Schilder mit „Vorsicht … !" hängen überall in der Stadt.
2. Frau Berger steht vorn im Bus und spricht ins … .
3. Der … macht das Licht an. Dann ist es gemütlicher.
4. Noah startet die Geräte neu, aber dann gibt es einen … .
5. Es war nicht der Beamer. Es war eine … im Stromnetz.
6. … findet seinen Großvater nicht und bekommt Angst.
7. Frau Berger wartet nicht länger: Sie ruft die … an.
8. Die Polizei informiert die … .

Die Frage ist: ________________________________?

Lösungen: 1. Dachlawinen; 2. Mikrofon; 3. Wirt; 4. Stromausfall; 5. Störung; 6. Noah; 7. Polizei; 8. Bergwacht; Die Frage ist: Wo ist Opa?

Entdeckertour: Eis und Schnee

Kapitel 5

die Himmelsrichtung

die Leberknödelsuppe

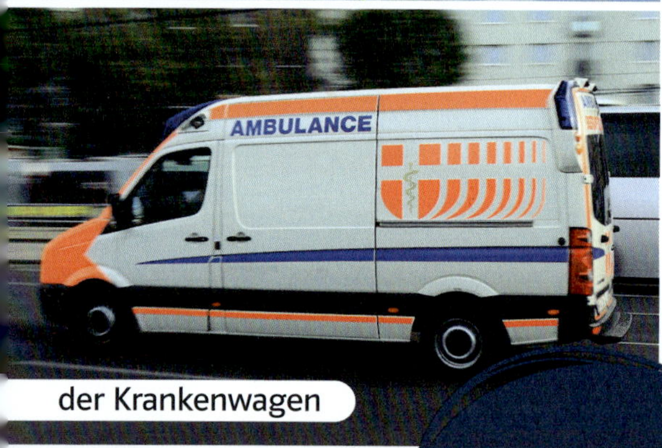

der Krankenwagen

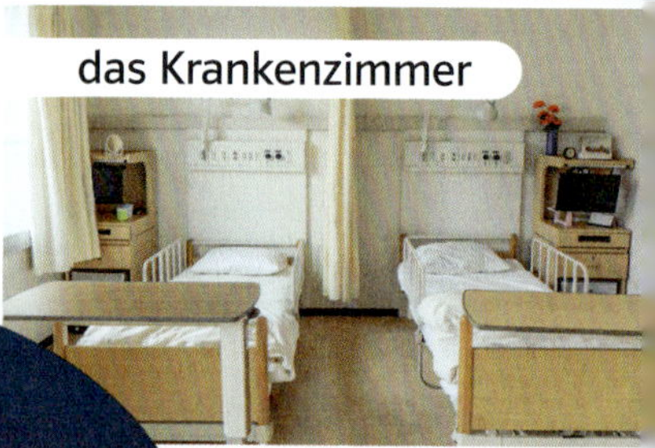

das Krankenzimmer

das Blaulicht

der Hubschrauber

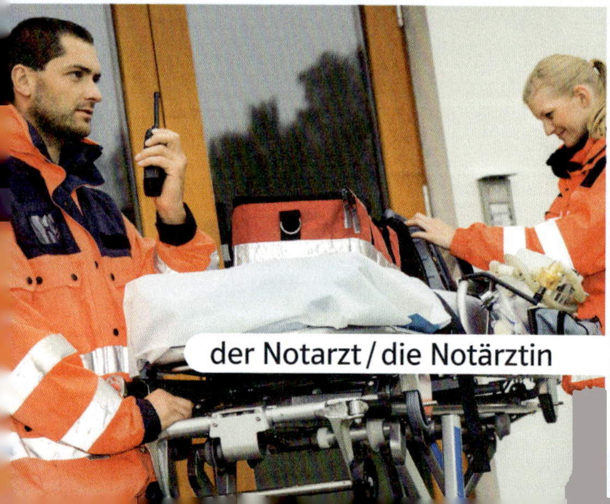

der Notarzt / die Notärztin

der Zweig

5

Lebenskraft

Dreißig Minuten nach dem Anruf[58] von Frau Berger kommt Noahs Mutter beim Restaurant an. Die Bergwacht war noch schneller und sucht schon in allen Himmelsrichtungen nach Herrn Moser.

Die Seniorengruppe hat jetzt keine Lust mehr auf ein Bilderquiz. Alle machen sich Sorgen um Herrn Moser. Frau Berger verspricht, dass die Jugendlichen das Quiz bald im Seniorenheim nachholen[59] können. Franziska macht den Laptop und den Beamer aus. Die Senioren und Seniorinnen trinken ihren Kaffee zu Ende. Und dann fährt die ganze Gruppe mit Alissa und Franziska zurück zum Seniorenheim.

Nur Frau Berger, Noah und seine Mutter bleiben im Restaurant und warten. Die Zeit geht sehr langsam vorbei. Die Wirtin bietet ihnen Getränke und auch eine warme Leberknödelsuppe an, aber sie haben keinen Hunger.

Wo ist Opa?

Auf einmal bekommt Noah eine Nachricht von Alissa:

> Alissa
> Noah, dein Opa hat doch für seine Frau ein Herz in einen Baum geritzt, oder?

[58] **der Anruf**: wenn man mit dem Telefon anruft

[59] **nachholen**: etwas später als geplant machen

Noah
Ja, auf dem Untersberg. Warum?

Alissa
Komisch ... Zu mir hat er ‚*Gais*berg' gesagt. In der Nähe vom Funkturm.

Jetzt geht alles ganz schnell. Noah erinnert sich, dass er früher oft mit Oma und Opa zum Funkturm wandern musste. Vielleicht stimmt es, dass sie sich hier in der Nähe verlobt haben. Seine Mutter ist sich nicht sicher: Gaisberg? Untersberg? Sie weiß es nicht mehr. Frau Berger redet mit der Einsatzleiterin[60] von der Bergwacht.

Bald finden sie Alois Moser. Er liegt unter einer großen, alten Tanne nicht weit vom Funkturm. In genau diesen Baum hat Opa vor langer Zeit ein Herz geritzt. Der Baum steht nur zehn Meter vom Weg entfernt, aber die Zweige hängen so tief, dass man Opa fast nicht sehen kann. Der Notarzt untersucht Herrn Moser. Er ist stark unterkühlt[61], aber nicht in Lebensgefahr[62]. Das ist gut, auch weil es schon langsam dunkel wird. Der Hubschrauber könnte heute nicht mehr fliegen. Die Bergwacht bringt Alois Moser zum Krankenwagen. Der steht schon in der Nähe vom Restaurant.

●●●

[60] **der Einsatzleiter / die Einsatzleiterin**: hier: der Chef / die Chefin von dieser Suche

[61] **unterkühlt**: der Körper ist zu kalt

[62] **die Lebensgefahr**: Einer Person geht es so schlecht, dass sie sterben könnte.

Noah und seine Mutter sind auch da und sehr froh. Sie bedanken sich bei allen. Mit Blaulicht fährt man Alois Moser direkt ins Krankenhaus.

Das war am Mittwochabend. Jetzt ist es Freitag und Opa ist immer noch im Krankenhaus. Er ist schwach und schläft viel. Die Ärzte verstehen es nicht, denn eigentlich ist er für sein Alter fit. Etwas fehlt ihm.

Noah und seine Mutter sind so oft wie möglich bei Opa im Krankenzimmer. Es ist dort sehr ruhig. Außer der Uhr hört man nichts. Frau Moser hält oft Opas Hand, singt ein Lied für ihn oder redet mit ihm, aber Opa antwortet nicht.

Am Nachmittag geht die Tür zum Krankenzimmer auf. Franziska und Alissa möchten Herrn Moser besuchen und haben frische Tannenzweige aus dem Wald mitgebracht.

Die Zweige riechen sehr gut. Franziska und Alissa erzählen und lachen und die Stimmung[63] im Zimmer ändert sich.

Kurze Zeit später entschuldigt sich Frau Moser und geht hinaus. Die Ärztin möchte mit ihr sprechen. Franziska bleibt auch nicht mehr lang. Und so sitzen Alissa und Noah neben Opas Bett und unterhalten sich. Bald finden sie kein Thema mehr und es wird wieder sehr ruhig im Zimmer. Opas Augen sind geschlossen. Er atmet leise ein und aus.

Noah sieht seinen Großvater an und hat Angst. Er will, dass es Opa besser geht, dass er nach Hause kommt und wieder seine alten Geschichten erzählt. Bitte, bitte.

Auf einmal atmet Opa tief ein. Und dann, ganz leise …
„Bub, lad sie doch … zum Skifahren ein."
„Opa?" Noah wird rot im Gesicht, aber er ist glücklich.
„Bub, … von nichts … kommt nichts![64]"
„Aber Herr Moser …!", lacht Alissa.

Ab diesem Tag geht es Alois Moser endlich besser und nach fünf Tagen darf er nach Hause gehen. Frau Mosers Gespräch mit der Ärztin war wichtig. Sie hat empfohlen, dass die Familie bald über die Zukunft[65] sprechen sollte. Herr Moser wird in den nächsten Jahren mehr Hilfe brauchen. Was wünscht er sich und was ist für die Familie möglich? Das sollten alle wissen.

●●●

[63] **die Stimmung**: die Atmosphäre; wie sich eine Situation anfühlt
[64] **„Von nichts kommt nichts"**: Wenn man nichts tut, dann passiert nichts.
[65] **die Zukunft**: nicht gestern, nicht heute, aber morgen und die Zeit danach

Mitte Februar findet das Bilderquiz im Seniorenheim statt. Franziska, Noah und Alissa freuen sich, dass es den Senioren und Seniorinnen gut gefällt. Die drei versprechen, dass sie im Sommer noch mal ein Bilderquiz machen werden. Frau Berger findet das gut und möchte, dass weitere Schüler und Schülerinnen in die Tagesbetreuung kommen.

Franziska gibt ein paar Tage später ihren Bericht bei der Direktorin ab. Im Bericht steht nichts über Noahs Großvater, aber viel über das Vorbereiten, die Fahrt auf den Berg und das Bilderquiz im Seniorenheim. Die Direktorin ist froh, dass das soziale Projekt so gut geklappt hat, und sie freut sich, dass Franziska beim nächsten Projekt – beim Projekt *Schulmauer* – mithilft.

Frau Moser und Noah sprechen mit Opa. Das Gespräch ist nicht einfach, aber am Ende fühlen sich alle besser. Egal, wie es mit Opa weitergeht, sie werden zusammen immer eine Lösung finden.

Tja, das war's dann. So wie unsere Geschichte an einem Ort beginnen musste, so geht sie jetzt hier zu Ende. Es ist ja alles klar. Oder?
Was? Ach so! Ja, sicher: Noah geht mit Alissa Ski fahren – aber Franziska geht auch mit!

Und Anfang März malt jemand ein Herz[66] an die Tanne an der Mauer von der Volksschule. Wer das war? Das weiß niemand – nicht einmal der Hausmeister.

●●●

[66] **das Herz:** ❤

Du bist dran!

Welche Antworten stimmen?
→ <u>Tipp:</u> Es ist nicht immer *eine* Antwort richtig.

1. Wer weiß, dass sich Alois Moser und seine Frau auf dem Gaisberg verlobt haben?
   a) Alissa
   b) Frau Moser
   c) Noah

2. Wie kommt Opa ins Krankenhaus?
   a) Mit dem Hubschrauber
   b) Mit dem Krankenwagen
   c) Mit dem Bus

3. Wer bringt Tannenzweige ins Krankenzimmer?
   a) Frau Moser b) Franziska c) Alissa

4. Wie lange bleibt Opa im Krankenhaus?
   a) 3 Tage b) 4 Tage c) 5 Tage

5. Wann zeigen die Jugendlichen das Bilderquiz?
   a) Ende Jänner
   b) Mitte Februar
   c) Anfang März

6. Wer malt das Herz an die Tanne an der Mauer?
   a) Franziska b) Alissa c) Noah

<u>Lösungen:</u> 1. a; 2. b; 3. b, c; 4. c; 5. b; 6. Das weiß niemand! ☺

Entdeckertour: Genießen in Salzburg

5

Bildnachweis

Cover, Inhalt Shutterstock (WinWin artlab), New York; **Cover** Getty Images (bluejayphoto), München; **4** Shutterstock (DashaKos); **5.1, 25.1** Getty Images (Mlenny); **5.2, 47.3** Getty Images (A_Lein); **5.3, 31.3** Getty Images (majaiva); **5.4, 39.1** Getty Images (VanderWolf-Images); **7** Getty Images (Copyright by Laszlo Szirtesi); **10.1** Getty Images (John Elk III); **10.2** Getty Images (PapaBear); **10.3** Getty Images (DaveLongMedia); **10.4** Getty Images (tum07007500); **10.5** Getty Images (Felix Geringswald); **10.6** 123RF.com (belchonock), Nidderau; **10.7** 123RF.com (fasli); **10.8** 123RF.com (yavdat1); **17.1** Adobe Stock (Posztós János), Dublin; **17.2** Getty Images (Anna Linda Knoll); **17.3** Getty Images (Vac1); **18.1** Getty Images (benjaminec); **18.2** Getty Images (hept27); **18.3** Getty Images (Koval Nadiya); **18.4** Getty Images (mattjeacock); **18.5** Getty Images (tomch); **18.6** Getty Images (Tatrano); **18.7** Getty Images (monkeybusinessimages); **18.8** Getty Images (4FR); **25.2** 123RF.com (quasargal); **25.3** Getty Images (elzauer); **26.1** Getty Images (Alphotographic); **26.2** Getty Images (Andrey Danilovich); **26.3** Getty Images (georgeclerk); **26.4** 123RF.com (bilanol); **26.5** Getty Images (Oscar Wong); **26.6** Getty Images (y-studio); **26.7** Getty Images (Zinkevych); **26.8** Getty Images (Firn); **31.1** Adobe Stock (EnginKorkmaz); **31.2** Getty Images (Leonid Andronov); **32.1** Getty Images (Far700); **32.2** Getty Images (robypangy); **32.3** 123RF.com (sirfujiyama); **32.4** Getty Images (SooniosPro); **32.5** 123RF.com (dengrin); **32.6** 123RF.com (ukiuki09); **32.7** Getty Images (Guzel Kolobova); **32.8** Adobe Stock (benjaminnolte); **39.2** 123RF.com (jvdwolf); **39.3** Adobe Stock (Georg Hummer); **40.1** Getty Images (sharply_done); **40.2** Getty Images (Fudio); **40.3** Getty Images (pablorebo1984); **40.4** Getty Images (JohnnyGreig); **40.5** Getty Images (MarkusBeck); **40.6** Getty Images (no_limit_pictures); **40.7** 123RF.com (limonzest); **40.8** 123RF.com (akintevsam); **47.1** Getty Images (TG23); **47.2** 123RF.com (HLPhoto)